Recipe

Difficulty level:

o o O O O

Rating

Prep Time:

Cooking Method:

Cooking Temp:

Cooking Time:

Servings:

Allergens:

O Milk
O Fish
O Eggs
O Lupin
O Celery
O Peanuts
O Mustard
O Molluscs
O Tree nuts
O Soybeans
O Crustaceans
O Sesame seeds
O Coroals containing gluten
O Sulphur dioxide and sulphites

Ingredients:

Cooking Instructions:

Notes:

Recipe

Difficulty level:

o o O O O

Rating

Prep Time:

Cooking Method:

Cooking Temp:

Cooking Time:

Servings:

Allergens:

- O Milk
- O Fish
- O Eggs
- O Lupin
- O Celery
- O Peanuts
- O Mustard
- O Molluscs
- O Tree nuts
- O Soybeans
- O Crustaceans
- O Sesame seeds
- O Cereals containing gluten
- O Sulphur dioxide and sulphites

Ingredients:

Cooking Instructions:

Notes:

Recipe

Difficulty level:

ooOOO

Rating

Prep Time:

Cooking Method:

Cooking Temp:

Cooking Time:

Servings:

Allergens:

O Milk
O Fish
O Eggs
O Lupin
O Celery
O Peanuts
O Mustard
O Molluscs
O Tree nuts
O Soybeans
O Crustaceans
O Sesame seeds
O Cereals containing gluten
O Sulphur dioxide and sulphites

Ingredients:

Cooking Instructions:

Notes:

Recipe

Difficulty level:

ooooO

Rating

Prep Time:

Cooking Method:

Cooking Temp:

Cooking Time:

Servings:

Allergens:

- O Milk
- O Fish
- O Eggs
- O Lupin
- O Celery
- O Peanuts
- O Mustard
- O Molluscs
- O Tree nuts
- O Soybeans
- O Crustaceans
- O Sesame seeds
- O Cereals containing gluten
- O Sulphur dioxide and sulphites

Ingredients:

Cooking Instructions:

Notes:

Recipe

Difficulty level:

o o O O O

Rating

Prep Time:

Cooking Method:

Cooking Temp:

Cooking Time:

Servings:

Allergens:

- O Milk
- O Fish
- O Eggs
- O Lupin
- O Celery
- O Peanuts
- O Mustard
- O Molluscs
- O Tree nuts
- O Soybeans
- O Crustaceans
- O Sesame seeds
- O Cereals containing gluten
- O Sulphur dioxide and sulphites

Ingredients:

Cooking Instructions:

Notes:

Recipe

Difficulty level:

o o O O O

Rating

Prep Time:

Cooking Method:

Cooking Temp:

Cooking Time:

Servings:

Allergens:

O Milk
O Fish
O Eggs
O Lupin
O Celery
O Peanuts
O Mustard
O Molluscs
O Tree nuts
O Soybeans
O Crustaceans
O Sesame seeds
O Cereals containing gluten
O Sulphur dioxide and sulphites

Ingredients:

Cooking Instructions:

Notes:

Recipe

Difficulty level:

o o O O O

Rating

Prep Time:

Cooking Method:

Cooking Temp:

Cooking Time:

Servings:

Allergens:

O Milk
O Fish
O Eggs
O Lupin
O Celery
O Peanuts
O Mustard
O Molluscs
O Tree nuts
O Soybeans
O Crustaceans
O Sesame seeds
O Coroals containing gluten
O Sulphur dioxide and sulphites

Ingredients:

Cooking Instructions:

Notes:

Recipe

Difficulty level:

○ ○ ○ ○ ○

Rating

♡ ♡ ♡ ♡ ♡

Prep Time:

Cooking Method:

Cooking Temp:

Cooking Time:

Servings:

Allergens:

O Milk
O Fish
O Eggs
O Lupin
O Celery
O Peanuts
O Mustard
O Molluscs
O Tree nuts
O Soybeans
O Crustaceans
O Sesame seeds
O Cereals containing gluten
O Sulphur dioxide and sulphites

Ingredients:

Cooking Instructions:

Notes:

Recipe

Difficulty level:

oo**OOO**

Rating

♡♡♡♥♥

Prep Time:

Cooking Method:

Cooking Temp:

Cooking Time:

Servings:

Allergens:

O Milk
O Fish
O Eggs
O Lupin
O Celery
O Peanuts
O Mustard
O Molluscs
O Tree nuts
O Soybeans
O Crustaceans
O Sesame seeds
O Cereals containing gluten
O Sulphur dioxide and sulphites

Ingredients:

Cooking Instructions:

Notes:

Recipe

Difficulty level:

o o O O O

Rating

Prep Time:

Cooking Method:

Cooking Temp:

Cooking Time:

Servings:

Allergens:

O Milk
O Fish
O Eggs
O Lupin
O Celery
O Peanuts
O Mustard
O Molluscs
O Tree nuts
O Soybeans
O Crustaceans
O Sesame seeds
O Cereals containing gluten
O Sulphur dioxide and sulphites

Ingredients:

Cooking Instructions:

Notes:

Recipe

Difficulty level:

ooOOO

Rating

Prep Time:

Cooking Method:

Cooking Temp:

Cooking Time:

Servings:

Allergens:

O Milk
O Fish
O Eggs
O Lupin
O Celery
O Peanuts
O Mustard
O Molluscs
O Tree nuts
O Soybeans
O Crustaceans
O Sesame seeds
O Cereals containing gluten
O Sulphur dioxide and sulphites

Ingredients:

Cooking Instructions:

Notes:

Recipe

Difficulty level:

Rating

Prep Time:

Cooking Method:

Cooking Temp:

Cooking Time:

Servings:

Allergens:

O Milk
O Fish
O Eggs
O Lupin
O Celery
O Peanuts
O Mustard
O Molluscs
O Tree nuts
O Soybeans
O Crustaceans
O Sesame seeds
O Cereals containing gluten
O Sulphur dioxide and sulphites

Ingredients:

Cooking Instructions:

Notes:

Recipe

Difficulty level:

o o O O O

Rating

Prep Time:

Cooking Method:

Cooking Temp:

Cooking Time:

Servings:

Allergens:

O Milk
O Fish
O Eggs
O Lupin
O Celery
O Peanuts
O Mustard
O Molluscs
O Tree nuts
O Soybeans
O Crustaceans
O Sesame seeds
O Cereals containing gluten
O Sulphur dioxide and sulphites

Ingredients:

Cooking Instructions:

Notes:

Recipe

Difficulty level:

o o O O O

Rating

Prep Time:

Cooking Method:

Cooking Temp:

Cooking Time:

Servings:

Allergens:

O Milk
O Fish
O Eggs
O Lupin
O Celery
O Peanuts
O Mustard
O Molluscs
O Tree nuts
O Soybeans
O Crustaceans
O Sesame seeds
O Cereals containing gluten
O Sulphur dioxide and sulphites

Ingredients:

Cooking Instructions:

Notes:

Recipe

Difficulty level:

ooooO

Rating

Prep Time:

Cooking Method:

Cooking Temp:

Cooking Time:

Servings:

Allergens:

O Milk
O Fish
O Eggs
O Lupin
O Celery
O Peanuts
O Mustard
O Molluscs
O Tree nuts
O Soybeans
O Crustaceans
O Sesame seeds
O Cereals containing gluten
O Sulphur dioxide and sulphites

Ingredients:

Cooking Instructions:

Notes:

Recipe

Difficulty level:

ooOOO

Rating

Prep Time:

Cooking Method:

Cooking Temp:

Cooking Time:

Servings:

Allergens:

O Milk
O Fish
O Eggs
O Lupin
O Celery
O Peanuts
O Mustard
O Molluscs
O Tree nuts
O Soybeans
O Crustaceans
O Sesame seeds
O Cereals containing gluten
O Sulphur dioxide and sulphites

Ingredients:

Cooking Instructions:

Notes:

Recipe

Difficulty level:

ooOOO

Rating

Prep Time:

Cooking Method:

Cooking Temp:

Cooking Time:

Servings:

Allergens:

O Milk
O Fish
O Eggs
O Lupin
O Celery
O Peanuts
O Mustard
O Molluscs
O Tree nuts
O Soybeans
O Crustaceans
O Sesame seeds
O Cereals containing gluten
O Sulphur dioxide and sulphites

Ingredients:

Cooking Instructions:

Notes:

Recipe

Difficulty level:

o o O O O

Rating

♡ ♡ ♡ ♡ ♥

Prep Time:

Cooking Method:

Cooking Temp:

Cooking Time:

Servings:

Allergens:

- O Milk
- O Fish
- O Eggs
- O Lupin
- O Celery
- O Peanuts
- O Mustard
- O Molluscs
- O Tree nuts
- O Soybeans
- O Crustaceans
- O Sesame seeds
- O Cereals containing gluten
- O Sulphur dioxide and sulphites

Ingredients:

Cooking Instructions:

Notes:

Recipe

Difficulty level:

ooOOO

Rating

Prep Time:

Cooking Method:

Cooking Temp:

Cooking Time:

Servings:

Allergens:

O Milk
O Fish
O Eggs
O Lupin
O Celery
O Peanuts
O Mustard
O Molluscs
O Tree nuts
O Soybeans
O Crustaceans
O Sesame seeds
O Cereals containing gluten
O Sulphur dioxide and sulphites

Ingredients:

Cooking Instructions:

Notes:

Recipe

Difficulty level:

o o O O O

Rating

Prep Time:

Cooking Method:

Cooking Temp:

Cooking Time:

Servings:

Allergens:

O Milk
O Fish
O Eggs
O Lupin
O Celery
O Peanuts
O Mustard
O Molluscs
O Tree nuts
O Soybeans
O Crustaceans
O Sesame seeds
O Cereals containing gluten
O Sulphur dioxide and sulphites

Ingredients:

Cooking Instructions:

Notes:

Recipe

Difficulty level:

o o O O O

Rating

Prep Time:

Cooking Method:

Cooking Temp:

Cooking Time:

Servings:

Allergens:

O Milk
O Fish
O Eggs
O Lupin
O Celery
O Peanuts
O Mustard
O Molluscs
O Tree nuts
O Soybeans
O Crustaceans
O Sesame seeds
O Cereals containing gluten
O Sulphur dioxide and sulphites

Ingredients:

Cooking Instructions:

Notes:

Recipe

Difficulty level:

o o O O O

Rating

Prep Time:

Cooking Method:

Cooking Temp:

Cooking Time:

Servings:

Allergens:

O Milk
O Fish
O Eggs
O Lupin
O Celery
O Peanuts
O Mustard
O Molluscs
O Tree nuts
O Soybeans
O Crustaceans
O Sesame seeds
O Cereals containing gluten
O Sulphur dioxide and sulphites

Ingredients:

Cooking Instructions:

Notes:

Recipe

Difficulty level:

○ ○ ○ ○ ○

Rating

♡ ♡ ♡ ♡ ♡

Prep Time:

Cooking Method:

Cooking Temp:

Cooking Time:

Servings:

Allergens:

O Milk
O Fish
O Eggs
O Lupin
O Celery
O Peanuts
O Mustard
O Molluscs
O Tree nuts
O Soybeans
O Crustaceans
O Sesame seeds
O Cereals containing gluten
O Sulphur dioxide and sulphites

Ingredients:

Cooking Instructions:

Notes:

Recipe

Difficulty level:

o o O O O

Rating

Prep Time:

Cooking Method:

Cooking Temp:

Cooking Time:

Servings:

Allergens:

O Milk
O Fish
O Eggs
O Lupin
O Celery
O Peanuts
O Mustard
O Molluscs
O Tree nuts
O Soybeans
O Crustaceans
O Sesame seeds
O Cereals containing gluten
O Sulphur dioxide and sulphites

Ingredients:

Cooking Instructions:

Notes:

Recipe

Difficulty level:

o o O O O

Rating

Prep Time:

Cooking Method:

Cooking Temp:

Cooking Time:

Servings:

Allergens:

O Milk
O Fish
O Eggs
O Lupin
O Celery
O Peanuts
O Mustard
O Molluscs
O Tree nuts
O Soybeans
O Crustaceans
O Sesame seeds
O Cereals containing gluten
O Sulphur dioxide and sulphites

Ingredients:

Cooking Instructions:

Notes:

Recipe

Difficulty level:

o o O O O

Rating

Prep Time:

Cooking Method:

Cooking Temp:

Cooking Time:

Servings:

Allergens:

O Milk
O Fish
O Eggs
O Lupin
O Celery
O Peanuts
O Mustard
O Molluscs
O Tree nuts
O Soybeans
O Crustaceans
O Sesame seeds
O Cereals containing gluten
O Sulphur dioxide and sulphites

Ingredients:

Cooking Instructions:

Notes:

Recipe

Difficulty level:

ooooO

Rating

Prep Time:

Cooking Method:

Cooking Temp:

Cooking Time:

Servings:

Allergens:

O Milk
O Fish
O Eggs
O Lupin
O Celery
O Peanuts
O Mustard
O Molluscs
O Tree nuts
O Soybeans
O Crustaceans
O Sesame seeds
O Cereals containing gluten
O Sulphur dioxide and sulphites

Ingredients:

Cooking Instructions:

Notes:

Recipe

Difficulty level:

oooOO

Rating

Prep Time:

Cooking Method:

Cooking Temp:

Cooking Time:

Servings:

Allergens:

O Milk
O Fish
O Eggs
O Lupin
O Celery
O Peanuts
O Mustard
O Molluscs
O Tree nuts
O Soybeans
O Crustaceans
O Sesame seeds
O Cereals containing gluten
O Sulphur dioxide and sulphites

Ingredients:

Cooking Instructions:

Notes:

Recipe

Difficulty level:

o o O O O

Rating

♡ ♡ ♡ ♡ ♡

Prep Time:

Cooking Method:

Cooking Temp:

Cooking Time:

Servings:

Allergens:

- O Milk
- O Fish
- O Eggs
- O Lupin
- O Celery
- O Peanuts
- O Mustard
- O Molluscs
- O Tree nuts
- O Soybeans
- O Crustaceans
- O Sesame seeds
- O Cereals containing gluten
- O Sulphur dioxide and sulphites

Ingredients:

Cooking Instructions:

Notes:

Recipe

Difficulty level:

o o O O O

Rating

Prep Time:

Cooking Method:

Cooking Temp:

Cooking Time:

Servings:

Allergens:

O Milk
O Fish
O Eggs
O Lupin
O Celery
O Peanuts
O Mustard
O Molluscs
O Tree nuts
O Soybeans
O Crustaceans
O Sesame seeds
O Cereals containing gluten
O Sulphur dioxide and sulphites

Ingredients:

Cooking Instructions:

Notes:

Recipe

Difficulty level:

oo OOO O

Rating

Prep Time:

Cooking Method:

Cooking Temp:

Cooking Time:

Servings:

Allergens:

O Milk
O Fish
O Eggs
O Lupin
O Celery
O Peanuts
O Mustard
O Molluscs
O Tree nuts
O Soybeans
O Crustaceans
O Sesame seeds
O Cereals containing gluten
O Sulphur dioxide and sulphites

Ingredients:

Cooking Instructions:

Notes:

Recipe

Difficulty level:

○ ○ O O O

Rating

♡ ♡ ♡ ♥ ♥

Prep Time:

Cooking Method:

Cooking Temp:

Cooking Time:

Servings:

Allergens:

O Milk
O Fish
O Eggs
O Lupin
O Celery
O Peanuts
O Mustard
O Molluscs
O Tree nuts
O Soybeans
O Crustaceans
O Sesame seeds
O Cereals containing gluten
O Sulphur dioxide and sulphites

Ingredients:

Cooking Instructions:

Notes:

Recipe

Difficulty level:

ooOOO

Rating

Prep Time:

Cooking Method:

Cooking Temp:

Cooking Time:

Servings:

Allergens:

O Milk
O Fish
O Eggs
O Lupin
O Celery
O Peanuts
O Mustard
O Molluscs
O Tree nuts
O Soybeans
O Crustaceans
O Sesame seeds
O Cereals containing gluten
O Sulphur dioxide and sulphites

Ingredients:

Cooking Instructions:

Notes:

Recipe

Difficulty level:

o o O O O

Rating

♡ ♡ ♡ ♡ ♡

Prep Time:

Cooking Method:

Cooking Temp:

Cooking Time:

Servings:

Allergens:

O Milk
O Fish
O Eggs
O Lupin
O Celery
O Peanuts
O Mustard
O Molluscs
O Tree nuts
O Soybeans
O Crustaceans
O Sesame seeds
O Cereals containing gluten
O Sulphur dioxide and sulphites

Ingredients:

Cooking Instructions:

Notes:

Recipe

Difficulty level:

o o O O O

Rating

♡ ♡ ♡ ♡ ♥

Prep Time:

Cooking Method:

Cooking Temp:

Cooking Time:

Servings:

Allergens:

O Milk
O Fish
O Eggs
O Lupin
O Celery
O Peanuts
O Mustard
O Molluscs
O Tree nuts
O Soybeans
O Crustaceans
O Sesame seeds
O Cereals containing gluten
O Sulphur dioxide and sulphites

Ingredients:

Cooking Instructions:

Notes:

Recipe

Difficulty level:

∘ ∘ O O O

Rating

♡ ♡ ♡ ♡ ♡

Prep Time:

Cooking Method:

Cooking Temp:

Cooking Time:

Servings:

Allergens:

- O Milk
- O Fish
- O Eggs
- O Lupin
- O Celery
- O Peanuts
- O Mustard
- O Molluscs
- O Tree nuts
- O Soybeans
- O Crustaceans
- O Sesame seeds
- O Cereals containing gluten
- O Sulphur dioxide and sulphites

Ingredients:

Cooking Instructions:

Notes:

Recipe

Difficulty level:

o o O O O

Rating

Prep Time:

Cooking Method:

Cooking Temp:

Cooking Time:

Servings:

Allergens:

- O Milk
- O Fish
- O Eggs
- O Lupin
- O Celery
- O Peanuts
- O Mustard
- O Molluscs
- O Tree nuts
- O Soybeans
- O Crustaceans
- O Sesame seeds
- O Cereals containing gluten
- O Sulphur dioxide and sulphites

Ingredients:

Cooking Instructions:

Notes:

Recipe

Difficulty level:

o o O O O

Rating

Prep Time:

Cooking Method:

Cooking Temp:

Cooking Time:

Servings:

Allergens:

O Milk
O Fish
O Eggs
O Lupin
O Celery
O Peanuts
O Mustard
O Molluscs
O Tree nuts
O Soybeans
O Crustaceans
O Sesame seeds
O Cereals containing gluten
O Sulphur dioxide and sulphites

Ingredients:

Cooking Instructions:

Notes:

Recipe

Difficulty level:

oo OOO

Rating

Prep Time:

Cooking Method:

Cooking Temp:

Cooking Time:

Servings:

Allergens:

O Milk
O Fish
O Eggs
O Lupin
O Celery
O Peanuts
O Mustard
O Molluscs
O Tree nuts
O Soybeans
O Crustaceans
O Sesame seeds
O Cereals containing gluten
O Sulphur dioxide and sulphites

Ingredients:

Cooking Instructions:

Notes:

Recipe

Difficulty level:

o o O O O

Rating

Prep Time:

Cooking Method:

Cooking Temp:

Cooking Time:

Servings:

Allergens:

O Milk
O Fish
O Eggs
O Lupin
O Celery
O Peanuts
O Mustard
O Molluscs
O Tree nuts
O Soybeans
O Crustaceans
O Sesame seeds
O Cereals containing gluten
O Sulphur dioxide and sulphites

Ingredients:

Cooking Instructions:

Notes:

Recipe

Difficulty level:

o o O O O

Rating

♡ ♡ ♡ ♡ ♡

Prep Time:

Cooking Method:

Cooking Temp:

Cooking Time:

Servings:

Allergens:

O Milk
O Fish
O Eggs
O Lupin
O Celery
O Peanuts
O Mustard
O Molluscs
O Tree nuts
O Soybeans
O Crustaceans
O Sesame seeds
O Cereals containing gluten
O Sulphur dioxide and sulphites

Ingredients:

Cooking Instructions:

Notes:

Recipe

Difficulty level:

o o O O O

Rating

♡ ♡ ♡ ♡ ♥

Prep Time:

Cooking Method:

Cooking Temp:

Cooking Time:

Servings:

Allergens:

- O Milk
- O Fish
- O Eggs
- O Lupin
- O Celery
- O Peanuts
- O Mustard
- O Molluscs
- O Tree nuts
- O Soybeans
- O Crustaceans
- O Sesame seeds
- O Cereals containing gluten
- O Sulphur dioxide and sulphites

Ingredients:

Cooking Instructions:

Notes:

Recipe

Difficulty level:

o o O O O

Rating

♡ ♡ ♡ ♡ ♥

Prep Time:

Cooking Method:

Cooking Temp:

Cooking Time:

Servings:

Allergens:

O Milk
O Fish
O Eggs
O Lupin
O Celery
O Peanuts
O Mustard
O Molluscs
O Tree nuts
O Soybeans
O Crustaceans
O Sesame seeds
O Cereals containing gluten
O Sulphur dioxide and sulphites

Ingredients:

Cooking Instructions:

Notes:

Recipe

Difficulty level:

o o O O O

Rating

Prep Time:

Cooking Method:

Cooking Temp:

Cooking Time:

Servings:

Allergens:

O Milk
O Fish
O Eggs
O Lupin
O Celery
O Peanuts
O Mustard
O Molluscs
O Tree nuts
O Soybeans
O Crustaceans
O Sesame seeds
O Cereals containing gluten
O Sulphur dioxide and sulphites

Ingredients:

Cooking Instructions:

Notes:

Recipe

Difficulty level:

Rating

Prep Time:

Cooking Method:

Cooking Temp:

Cooking Time:

Servings:

Allergens:

O Milk
O Fish
O Eggs
O Lupin
O Celery
O Peanuts
O Mustard
O Molluscs
O Tree nuts
O Soybeans
O Crustaceans
O Sesame seeds
O Coroals containing gluten
O Sulphur dioxide and sulphites

Ingredients:

Cooking Instructions:

Notes:

Recipe

Difficulty level:

o o O O O

Rating

Prep Time:

Cooking Method:

Cooking Temp:

Cooking Time:

Servings:

Allergens:

O Milk
O Fish
O Eggs
O Lupin
O Celery
O Peanuts
O Mustard
O Molluscs
O Tree nuts
O Soybeans
O Crustaceans
O Sesame seeds
O Cereals containing gluten
O Sulphur dioxide and sulphites

Ingredients:

Cooking Instructions:

Notes:

Recipe

Difficulty level:

o o O O O

Rating

Prep Time:

Cooking Method:

Cooking Temp:

Cooking Time:

Servings:

Allergens:

O Milk
O Fish
O Eggs
O Lupin
O Celery
O Peanuts
O Mustard
O Molluscs
O Tree nuts
O Soybeans
O Crustaceans
O Sesame seeds
O Cereals containing gluten
O Sulphur dioxide and sulphites

Ingredients:

Cooking Instructions:

Notes:

Recipe

Difficulty level:

ooOOO

Rating

Prep Time:

Cooking Method:

Cooking Temp:

Cooking Time:

Servings:

Allergens:

O Milk
O Fish
O Eggs
O Lupin
O Celery
O Peanuts
O Mustard
O Molluscs
O Tree nuts
O Soybeans
O Crustaceans
O Sesame seeds
O Cereals containing gluten
O Sulphur dioxide and sulphites

Ingredients:

Cooking Instructions:

Notes:

Recipe

Difficulty level:

Rating

Prep Time:

Cooking Method:

Cooking Temp:

Cooking Time:

Servings:

Allergens:

O Milk
O Fish
O Eggs
O Lupin
O Celery
O Peanuts
O Mustard
O Molluscs
O Tree nuts
O Soybeans
O Crustaceans
O Sesame seeds
O Cereals containing gluten
O Sulphur dioxide and sulphites

Ingredients:

Cooking Instructions:

Notes:

Recipe

Difficulty level:

o o O O O

Rating

Prep Time:

Cooking Method:

Cooking Temp:

Cooking Time:

Servings:

Allergens:

O Milk
O Fish
O Eggs
O Lupin
O Celery
O Peanuts
O Mustard
O Molluscs
O Tree nuts
O Soybeans
O Crustaceans
O Sesame seeds
O Cereals containing gluten
O Sulphur dioxide and sulphites

Ingredients:

Cooking Instructions:

Notes:

Recipe

Difficulty level:

o o O O O

Rating

Prep Time:

Cooking Method:

Cooking Temp:

Cooking Time:

Servings:

Allergens:

O Milk
O Fish
O Eggs
O Lupin
O Celery
O Peanuts
O Mustard
O Molluscs
O Tree nuts
O Soybeans
O Crustaceans
O Sesame seeds
O Cereals containing gluten
O Sulphur dioxide and sulphites

Ingredients:

Cooking Instructions:

Notes:

Recipe

Difficulty level:

ooOOO

Rating

Prep Time:

Cooking Method:

Cooking Temp:

Cooking Time:

Servings:

Allergens:

O Milk
O Fish
O Eggs
O Lupin
O Celery
O Peanuts
O Mustard
O Molluscs
O Tree nuts
O Soybeans
O Crustaceans
O Sesame seeds
O Cereals containing gluten
O Sulphur dioxide and sulphites

Ingredients:

Cooking Instructions:

Notes:

Recipe

Difficulty level:

ooOOO

Rating

Prep Time:

Cooking Method:

Cooking Temp:

Cooking Time:

Servings:

Allergens:

O Milk
O Fish
O Eggs
O Lupin
O Celery
O Peanuts
O Mustard
O Molluscs
O Tree nuts
O Soybeans
O Crustaceans
O Sesame seeds
O Cereals containing gluten
O Sulphur dioxide and sulphites

Ingredients:

Cooking Instructions:

Notes:

Recipe

Difficulty level:

o o O O O

Rating

Prep Time:

Cooking Method:

Cooking Temp:

Cooking Time:

Servings:

Allergens:

O Milk
O Fish
O Eggs
O Lupin
O Celery
O Peanuts
O Mustard
O Molluscs
O Tree nuts
O Soybeans
O Crustaceans
O Sesame seeds
O Cereals containing gluten
O Sulphur dioxide and sulphites

Ingredients:

Cooking Instructions:

Notes:

Recipe

Difficulty level:

o o O O O

Rating

Prep Time:

Cooking Method:

Cooking Temp:

Cooking Time:

Servings:

Allergens:

O Milk
O Fish
O Eggs
O Lupin
O Celery
O Peanuts
O Mustard
O Molluscs
O Tree nuts
O Soybeans
O Crustaceans
O Sesame seeds
O Cereals containing gluten
O Sulphur dioxide and sulphites

Ingredients:

Cooking Instructions:

Notes:

Recipe

Difficulty level:

○ ○ ○ ○ ○

Rating

♡ ♡ ♡ ♡ ♡

Prep Time:

Cooking Method:

Cooking Temp:

Cooking Time:

Servings:

Allergens:

O Milk
O Fish
O Eggs
O Lupin
O Celery
O Peanuts
O Mustard
O Molluscs
O Tree nuts
O Soybeans
O Crustaceans
O Sesame seeds
O Cereals containing gluten
O Sulphur dioxide and sulphites

Ingredients:

Cooking Instructions:

Notes:

Recipe

Difficulty level:

o o O O O

Rating

Prep Time:

Cooking Method:

Cooking Temp:

Cooking Time:

Servings:

Allergens:

O Milk
O Fish
O Eggs
O Lupin
O Celery
O Peanuts
O Mustard
O Molluscs
O Tree nuts
O Soybeans
O Crustaceans
O Sesame seeds
O Coroals containing gluten
O Sulphur dioxide and sulphites

Ingredients:

Cooking Instructions:

Notes:

Recipe

Difficulty level:

o o O O O

Rating

♡ ♡ ♡ ♥ ♥

Prep Time:

Cooking Method:

Cooking Temp:

Cooking Time:

Servings:

Allergens:

- O Milk
- O Fish
- O Eggs
- O Lupin
- O Celery
- O Peanuts
- O Mustard
- O Molluscs
- O Tree nuts
- O Soybeans
- O Crustaceans
- O Sesame seeds
- O Cereals containing gluten
- O Sulphur dioxide and sulphites

Ingredients:

Cooking Instructions:

Notes:

Recipe

Difficulty level:

o o O O O

Rating

Prep Time:

Cooking Method:

Cooking Temp:

Cooking Time:

Servings:

Allergens:

O Milk
O Fish
O Eggs
O Lupin
O Celery
O Peanuts
O Mustard
O Molluscs
O Tree nuts
O Soybeans
O Crustaceans
O Sesame seeds
O Cereals containing gluten
O Sulphur dioxide and sulphites

Ingredients:

Cooking Instructions:

Notes:

Recipe

Difficulty level:

○ ○ ○ ○ ○

Rating

♡ ♡ ♡ ♡ ♡

Prep Time:

Cooking Method:

Cooking Temp:

Cooking Time:

Servings:

Allergens:

O Milk
O Fish
O Eggs
O Lupin
O Celery
O Peanuts
O Mustard
O Molluscs
O Tree nuts
O Soybeans
O Crustaceans
O Sesame seeds
O Cereals containing gluten
O Sulphur dioxide and sulphites

Ingredients:

Cooking Instructions:

Notes:

Recipe

Difficulty level:

○ ○ ○ ○ ○

Rating

♡ ♡ ♡ ♡ ♡

Prep Time:

Cooking Method:

Cooking Temp:

Cooking Time:

Servings:

Allergens:

○ Milk
○ Fish
○ Eggs
○ Lupin
○ Celery
○ Peanuts
○ Mustard
○ Molluscs
○ Tree nuts
○ Soybeans
○ Crustaceans
○ Sesame seeds
○ Cereals containing gluten
○ Sulphur dioxide and sulphites

Ingredients:

Cooking Instructions:

Notes:

Recipe

Difficulty level:

Rating

Prep Time:

Cooking Method:

Cooking Temp:

Cooking Time:

Servings:

Allergens:

- O Milk
- O Fish
- O Eggs
- O Lupin
- O Celery
- O Peanuts
- O Mustard
- O Molluscs
- O Tree nuts
- O Soybeans
- O Crustaceans
- O Sesame seeds
- O Cereals containing gluten
- O Sulphur dioxide and sulphites

Ingredients:

Cooking Instructions:

Notes:

Recipe

Difficulty level:

o o O O O

Rating

♡ ♡ ♡ ♡ ♡

Prep Time:

Cooking Method:

Cooking Temp:

Cooking Time:

Servings:

Allergens:

O Milk
O Fish
O Eggs
O Lupin
O Celery
O Peanuts
O Mustard
O Molluscs
O Tree nuts
O Soybeans
O Crustaceans
O Sesame seeds
O Cereals containing gluten
O Sulphur dioxide and sulphites

Ingredients:

Cooking Instructions:

Notes:

Recipe

Difficulty level:

ooOOO

Rating

Prep Time:

Cooking Method:

Cooking Temp:

Cooking Time:

Servings:

Allergens:

O Milk
O Fish
O Eggs
O Lupin
O Celery
O Peanuts
O Mustard
O Molluscs
O Tree nuts
O Soybeans
O Crustaceans
O Sesame seeds
O Cereals containing gluten
O Sulphur dioxide and sulphites

Ingredients:

Cooking Instructions:

Notes:

Recipe

Difficulty level:

o o O O O

Rating

Prep Time:

Cooking Method:

Cooking Temp:

Cooking Time:

Servings:

Allergens:

O Milk
O Fish
O Eggs
O Lupin
O Celery
O Peanuts
O Mustard
O Molluscs
O Tree nuts
O Soybeans
O Crustaceans
O Sesame seeds
O Cereals containing gluten
O Sulphur dioxide and sulphites

Ingredients:

Cooking Instructions:

Notes:

Recipe

Difficulty level:

o o O O O

Rating

Prep Time:

Cooking Method:

Cooking Temp:

Cooking Time:

Servings:

Allergens:

- O Milk
- O Fish
- O Eggs
- O Lupin
- O Celery
- O Peanuts
- O Mustard
- O Molluscs
- O Tree nuts
- O Soybeans
- O Crustaceans
- O Sesame seeds
- O Cereals containing gluten
- O Sulphur dioxide and sulphites

Ingredients:

Cooking Instructions:

Notes:

Recipe

Difficulty level:

○ ○ O O O

Rating

♡ ♡ ♡ ♡ ♡

Prep Time:

Cooking Method:

Cooking Temp:

Cooking Time:

Servings:

Allergens:

O Milk
O Fish
O Eggs
O Lupin
O Celery
O Peanuts
O Mustard
O Molluscs
O Tree nuts
O Soybeans
O Crustaceans
O Sesame soods
O Cereals containing gluten
O Sulphur dioxide and sulphites

Ingredients:

Cooking Instructions:

Notes:

Recipe

Difficulty level:

○ ○ ○ ○ ○

Rating

♡ ♡ ♡ ♡ ♡

Prep Time:

Cooking Method:

Cooking Temp:

Cooking Time:

Servings:

Allergens:

O Milk
O Fish
O Eggs
O Lupin
O Celery
O Peanuts
O Mustard
O Molluscs
O Tree nuts
O Soybeans
O Crustaceans
O Sesame seeds
O Cereals containing gluten
O Sulphur dioxide and sulphites

Ingredients:

Cooking Instructions:

Notes:

Recipe

Difficulty level:

○ ○ ○ ○ ○

Rating

♡ ♡ ♡ ♡ ♡

Prep Time:

Cooking Method:

Cooking Temp:

Cooking Time:

Servings:

Allergens:

○ Milk
○ Fish
○ Eggs
○ Lupin
○ Celery
○ Peanuts
○ Mustard
○ Molluscs
○ Tree nuts
○ Soybeans
○ Crustaceans
○ Sesame seeds
○ Cereals containing gluten
○ Sulphur dioxide and sulphites

Ingredients:

Cooking Instructions:

Notes:

Recipe

Difficulty level:

o o O O O

Rating

Prep Time:

Cooking Method:

Cooking Temp:

Cooking Time:

Servings:

Allergens:

O Milk
O Fish
O Eggs
O Lupin
O Celery
O Peanuts
O Mustard
O Molluscs
O Tree nuts
O Soybeans
O Crustaceans
O Sesame seeds
O Cereals containing gluten
O Sulphur dioxide and sulphites

Ingredients:

Cooking Instructions:

Notes:

Recipe

Difficulty level:

ooOOO

Rating

Prep Time:

Cooking Method:

Cooking Temp:

Cooking Time:

Servings:

Allergens:

- O Milk
- O Fish
- O Eggs
- O Lupin
- O Celery
- O Peanuts
- O Mustard
- O Molluscs
- O Tree nuts
- O Soybeans
- O Crustaceans
- O Sosame seeds
- O Cereals containing gluten
- O Sulphur dioxide and sulphites

Ingredients:

Cooking Instructions:

Notes:

Recipe

Difficulty level:

oooOO

Rating

♡♡♡♡♡

Prep Time:

Cooking Method:

Cooking Temp:

Cooking Time:

Servings:

Allergens:

O Milk
O Fish
O Eggs
O Lupin
O Celery
O Peanuts
O Mustard
O Molluscs
O Tree nuts
O Soybeans
O Crustaceans
O Sesame seeds
O Cereals containing gluten
O Sulphur dioxide and sulphites

Ingredients:

Cooking Instructions:

Notes:

Recipe

Difficulty level:

o o O O O

Rating

Prep Time:

Cooking Method:

Cooking Temp:

Cooking Time:

Servings:

Allergens:

O Milk
O Fish
O Eggs
O Lupin
O Celery
O Peanuts
O Mustard
O Molluscs
O Tree nuts
O Soybeans
O Crustaceans
O Sesame seeds
O Cereals containing gluten
O Sulphur dioxide and sulphites

Ingredients:

Cooking Instructions:

Notes:

Recipe

Difficulty level:

o o O O O

Rating

Prep Time:

Cooking Method:

Cooking Temp:

Cooking Time:

Servings:

Allergens:

O Milk
O Fish
O Eggs
O Lupin
O Celery
O Peanuts
O Mustard
O Molluscs
O Tree nuts
O Soybeans
O Crustaceans
O Sesame seeds
O Cereals containing gluten
O Sulphur dioxide and sulphites

Ingredients:

Cooking Instructions:

Notes:

Recipe

Difficulty level:

ο ο Ο Ο Ο

Rating

♡ ♡ ♡ ♡ ♥

Prep Time:

Cooking Method:

Cooking Temp:

Cooking Time:

Servings:

Allergens:

O Milk
O Fish
O Eggs
O Lupin
O Celery
O Peanuts
O Mustard
O Molluscs
O Tree nuts
O Soybeans
O Crustaceans
O Sesame seeds
O Cereals containing gluten
O Sulphur dioxide and sulphites

Ingredients:

Cooking Instructions:

Notes:

Recipe

Difficulty level:

○ ○ ○ ○ ○

Rating

♡ ♡ ♡ ♡ ♡

Prep Time:

Cooking Method:

Cooking Temp:

Cooking Time:

Servings:

Allergens:

O Milk
O Fish
O Eggs
O Lupin
O Celery
O Peanuts
O Mustard
O Molluscs
O Tree nuts
O Soybeans
O Crustaceans
O Sesame seeds
O Cereals containing gluten
O Sulphur dioxide and sulphites

Ingredients:

Cooking Instructions:

Notes:

Recipe

Difficulty level:

o o O O O

Rating

♡ ♡ ♡ ♡ ♡

Prep Time:

Cooking Method:

Cooking Temp:

Cooking Time:

Servings:

Allergens:

O Milk
O Fish
O Eggs
O Lupin
O Celery
O Peanuts
O Mustard
O Molluscs
O Tree nuts
O Soybeans
O Crustaceans
O Sesame soods
O Cereals containing gluten
O Sulphur dioxide and sulphites

Ingredients:

Cooking Instructions:

Notes:

Recipe

Difficulty level:

ooOOO

Rating

Prep Time:

Cooking Method:

Cooking Temp:

Cooking Time:

Servings:

Allergens:

O Milk
O Fish
O Eggs
O Lupin
O Celery
O Peanuts
O Mustard
O Molluscs
O Tree nuts
O Soybeans
O Crustaceans
O Sesame seeds
O Cereals containing gluten
O Sulphur dioxide and sulphites

Ingredients:

Cooking Instructions:

Notes:

Recipe

Difficulty level:

o o O O O

Rating

♡ ♡ ♡ ♡ ♡

Prep Time:

Cooking Method:

Cooking Temp:

Cooking Time:

Servings:

Allergens:

O Milk
O Fish
O Eggs
O Lupin
O Celery
O Peanuts
O Mustard
O Molluscs
O Tree nuts
O Soybeans
O Crustaceans
O Sesamo seeds
O Cereals containing gluten
O Sulphur dioxide and sulphites

Ingredients:

Cooking Instructions:

Notes:

Recipe

Difficulty level:

Rating

Prep Time:

Cooking Method:

Cooking Temp:

Cooking Time:

Servings:

Allergens:

O Milk
O Fish
O Eggs
O Lupin
O Celery
O Peanuts
O Mustard
O Molluscs
O Tree nuts
O Soybeans
O Crustaceans
O Sesame seeds
O Cereals containing gluten
O Sulphur dioxide and sulphites

Ingredients:

Cooking Instructions:

Notes:

Recipe

Difficulty level:

Rating

Prep Time:

Cooking Method:

Cooking Temp:

Cooking Time:

Servings:

Allergens:

- O Milk
- O Fish
- O Eggs
- O Lupin
- O Celery
- O Peanuts
- O Mustard
- O Molluscs
- O Tree nuts
- O Soybeans
- O Crustaceans
- O Sesame seeds
- O Cereals containing gluten
- O Sulphur dioxide and sulphites

Ingredients:

Cooking Instructions:

Notes:

Recipe

Difficulty level:

o o O O O

Rating

Prep Time:

Cooking Method:

Cooking Temp:

Cooking Time:

Servings:

Allergens:

O Milk
O Fish
O Eggs
O Lupin
O Celery
O Peanuts
O Mustard
O Molluscs
O Tree nuts
O Soybeans
O Crustaceans
O Sesame seeds
O Cereals containing gluten
O Sulphur dioxide and sulphites

Ingredients:

Cooking Instructions:

Notes:

Recipe

Difficulty level:

o o O O O

Rating

Prep Time:

Cooking Method:

Cooking Temp:

Cooking Time:

Servings:

Allergens:

- O Milk
- O Fish
- O Eggs
- O Lupin
- O Celery
- O Peanuts
- O Mustard
- O Molluscs
- O Tree nuts
- O Soybeans
- O Crustaceans
- O Sesame seeds
- O Cereals containing gluten
- O Sulphur dioxide and sulphites

Ingredients:

Cooking Instructions:

Notes:

Recipe

Difficulty level:

o o O O O

Rating

Prep Time:

Cooking Method:

Cooking Temp:

Cooking Time:

Servings:

Allergens:

O Milk
O Fish
O Eggs
O Lupin
O Celery
O Peanuts
O Mustard
O Molluscs
O Tree nuts
O Soybeans
O Crustaceans
O Sesame seeds
O Cereals containing gluten
O Sulphur dioxide and sulphites

Ingredients:

Cooking Instructions:

Notes:

Recipe

Difficulty level:

o o O O O

Rating

Prep Time:

Cooking Method:

Cooking Temp:

Cooking Time:

Servings:

Allergens:

O Milk
O Fish
O Eggs
O Lupin
O Celery
O Peanuts
O Mustard
O Molluscs
O Tree nuts
O Soybeans
O Crustaceans
O Sesame seeds
O Cereals containing gluten
O Sulphur dioxide and sulphites

Ingredients:

Cooking Instructions:

Notes:

Recipe

Difficulty level:

Rating

Prep Time:

Cooking Method:

Cooking Temp:

Cooking Time:

Servings:

Allergens:

O Milk
O Fish
O Eggs
O Lupin
O Celery
O Peanuts
O Mustard
O Molluscs
O Tree nuts
O Soybeans
O Crustaceans
O Sesame seeds
O Cereals containing gluten
O Sulphur dioxide and sulphites

Ingredients:

Cooking Instructions:

Notes:

Recipe

Difficulty level:

ooooo

Rating

Prep Time:

Cooking Method:

Cooking Temp:

Cooking Time:

Servings:

Allergens:

O Milk
O Fish
O Eggs
O Lupin
O Celery
O Peanuts
O Mustard
O Molluscs
O Tree nuts
O Soybeans
O Crustaceans
O Sesame seeds
O Cereals containing gluten
O Sulphur dioxide and sulphites

Ingredients:

Cooking Instructions:

Notes:

Recipe

Difficulty level:

ooOOO

Rating

Prep Time:

Cooking Method:

Cooking Temp:

Cooking Time:

Servings:

Allergens:

O Milk
O Fish
O Eggs
O Lupin
O Celery
O Peanuts
O Mustard
O Molluscs
O Tree nuts
O Soybeans
O Crustaceans
O Sesame seeds
O Cereals containing gluten
O Sulphur dioxide and sulphites

Ingredients:

Cooking Instructions:

Notes:

Recipe

Difficulty level:

o o O O O

Rating

Prep Time:

Cooking Method:

Cooking Temp:

Cooking Time:

Servings:

Allergens:

O Milk
O Fish
O Eggs
O Lupin
O Celery
O Peanuts
O Mustard
O Molluscs
O Tree nuts
O Soybeans
O Crustaceans
O Sesame seeds
O Cereals containing gluten
O Sulphur dioxide and sulphites

Ingredients:

Cooking Instructions:

Notes:

Recipe

Difficulty level:

o o O O O

Rating

Prep Time:

Cooking Method:

Cooking Temp:

Cooking Time:

Servings:

Allergens:

O Milk
O Fish
O Eggs
O Lupin
O Celery
O Peanuts
O Mustard
O Molluscs
O Tree nuts
O Soybeans
O Crustaceans
O Sesame seeds
O Cereals containing gluten
O Sulphur dioxide and sulphites

Ingredients:

Cooking Instructions:

Notes:

Recipe

Difficulty level:

ooOOO

Rating

Prep Time:

Cooking Method:

Cooking Temp:

Cooking Time:

Servings:

Allergens:

O Milk
O Fish
O Eggs
O Lupin
O Celery
O Peanuts
O Mustard
O Molluscs
O Tree nuts
O Soybeans
O Crustaceans
O Sesame seeds
O Cereals containing gluten
O Sulphur dioxide and sulphites

Ingredients:

Cooking Instructions:

Notes:

Recipe

Difficulty level:

ο ο Ο Ο Ο

Rating

♡ ♡ ♡ ♥ ♥

Prep Time:

Cooking Method:

Cooking Temp:

Cooking Time:

Servings:

Allergens:

O Milk
O Fish
O Eggs
O Lupin
O Celery
O Peanuts
O Mustard
O Molluscs
O Tree nuts
O Soybeans
O Crustaceans
O Sesame seeds
O Cereals containing gluten
O Sulphur dioxide and sulphites

Ingredients:

Cooking Instructions:

Notes:

Recipe

Difficulty level:

o o O O O

Rating

Prep Time:

Cooking Method:

Cooking Temp:

Cooking Time:

Servings:

Allergens:

O Milk
O Fish
O Eggs
O Lupin
O Celery
O Peanuts
O Mustard
O Molluscs
O Tree nuts
O Soybeans
O Crustaceans
O Sesame seeds
O Cereals containing gluten
O Sulphur dioxide and sulphites

Ingredients:

Cooking Instructions:

Notes:

Recipe

Difficulty level:

o o O O O

Rating

Prep Time:

Cooking Method:

Cooking Temp:

Cooking Time:

Servings:

Allergens:

- O Milk
- O Fish
- O Eggs
- O Lupin
- O Celery
- O Peanuts
- O Mustard
- O Molluscs
- O Tree nuts
- O Soybeans
- O Crustaceans
- O Sesame seeds
- O Cereals containing gluten
- O Sulphur dioxide and sulphites

Ingredients:

Cooking Instructions:

Notes:

Recipe

Difficulty level:

o o O O O

Rating

Prep Time:

Cooking Method:

Cooking Temp:

Cooking Time:

Servings:

Allergens:

O Milk
O Fish
O Eggs
O Lupin
O Celery
O Peanuts
O Mustard
O Molluscs
O Tree nuts
O Soybeans
O Crustaceans
O Sesame seeds
O Cereals containing gluten
O Sulphur dioxide and sulphites

Ingredients:

Cooking Instructions:

Notes:

Recipe

Difficulty level:

Rating

Prep Time:

Cooking Method:

Cooking Temp:

Cooking Time:

Servings:

Allergens:

O Milk
O Fish
O Eggs
O Lupin
O Celery
O Peanuts
O Mustard
O Molluscs
O Tree nuts
O Soybeans
O Crustaceans
O Sesame seeds
O Cereals containing gluten
O Sulphur dioxide and sulphites

Ingredients:

Cooking Instructions:

Notes:

Recipe

Difficulty level:

oo O O O

Rating

Prep Time:

Cooking Method:

Cooking Temp:

Cooking Time:

Servings:

Allergens:

O Milk
O Fish
O Eggs
O Lupin
O Celery
O Peanuts
O Mustard
O Molluscs
O Tree nuts
O Soybeans
O Crustaceans
O Sesame seeds
O Cereals containing gluten
O Sulphur dioxide and sulphites

Ingredients:

Cooking Instructions:

Notes:

Recipe

Difficulty level:

ο ο Ο Ο Ο

Rating

Prep Time:

Cooking Method:

Cooking Temp:

Cooking Time:

Servings:

Allergens:

O Milk
O Fish
O Eggs
O Lupin
O Celery
O Peanuts
O Mustard
O Molluscs
O Tree nuts
O Soybeans
O Crustaceans
O Sesame seeds
O Cereals containing gluten
O Sulphur dioxide and sulphites

Ingredients:

Cooking Instructions:

Notes:

Recipe

Difficulty level:

o o O O O

Rating

Prep Time:

Cooking Method:

Cooking Temp:

Cooking Time:

Servings:

Allergens:

O Milk
O Fish
O Eggs
O Lupin
O Celery
O Peanuts
O Mustard
O Molluscs
O Tree nuts
O Soybeans
O Crustaceans
O Sesame seeds
O Cereals containing gluten
O Sulphur dioxide and sulphites

Ingredients:

Cooking Instructions:

Notes:

Recipe

Difficulty level:

o o O O O

Rating

Prep Time:

Cooking Method:

Cooking Temp:

Cooking Time:

Servings:

Allergens:

O Milk
O Fish
O Eggs
O Lupin
O Celery
O Peanuts
O Mustard
O Molluscs
O Tree nuts
O Soybeans
O Crustaceans
O Sesame seeds
O Cereals containing gluten
O Sulphur dioxide and sulphites

Ingredients:

Cooking Instructions:

Notes:

Recipe

Difficulty level:

o o O O O

Rating

Prep Time:

Cooking Method:

Cooking Temp:

Cooking Time:

Servings:

Allergens:

O Milk
O Fish
O Eggs
O Lupin
O Celery
O Peanuts
O Mustard
O Molluscs
O Tree nuts
O Soybeans
O Crustaceans
O Sesame seeds
O Cereals containing gluten
O Sulphur dioxide and sulphites

Ingredients:

Cooking Instructions:

Notes:

Recipe

Difficulty level:

ooOOO

Rating

Prep Time:

Cooking Method:

Cooking Temp:

Cooking Time:

Servings:

Allergens:

O Milk
O Fish
O Eggs
O Lupin
O Celery
O Peanuts
O Mustard
O Molluscs
O Tree nuts
O Soybeans
O Crustaceans
O Sesame seeds
O Cereals containing gluten
O Sulphur dioxide and sulphites

Ingredients:

Cooking Instructions:

Notes:

Recipe

Difficulty level:

o o O O O

Rating

Prep Time:

Cooking Method:

Cooking Temp:

Cooking Time:

Servings:

Allergens:

O Milk
O Fish
O Eggs
O Lupin
O Celery
O Peanuts
O Mustard
O Molluscs
O Tree nuts
O Soybeans
O Crustaceans
O Sesame seeds
O Cereals containing gluten
O Sulphur dioxide and sulphites

Ingredients:

Cooking Instructions:

Notes:

Recipe

Difficulty level:

Rating

Prep Time:

Cooking Method:

Cooking Temp:

Cooking Time:

Servings:

Allergens:

O Milk
O Fish
O Eggs
O Lupin
O Celery
O Peanuts
O Mustard
O Molluscs
O Tree nuts
O Soybeans
O Crustaceans
O Sesame seeds
O Cereals containing gluten
O Sulphur dioxide and sulphites

Ingredients:

Cooking Instructions:

Notes:

Recipe

Difficulty level:

o o O O O

Rating

Prep Time:

Cooking Method:

Cooking Temp:

Cooking Time:

Servings:

Allergens:

- O Milk
- O Fish
- O Eggs
- O Lupin
- O Celery
- O Peanuts
- O Mustard
- O Molluscs
- O Tree nuts
- O Soybeans
- O Crustaceans
- O Sesame seeds
- O Cereals containing gluten
- O Sulphur dioxide and sulphites

Ingredients:

Cooking Instructions:

Notes:

Recipe

Difficulty level:

o o O O O

Rating

Prep Time:

Cooking Method:

Cooking Temp:

Cooking Time:

Servings:

Allergens:

O Milk
O Fish
O Eggs
O Lupin
O Celery
O Peanuts
O Mustard
O Molluscs
O Tree nuts
O Soybeans
O Crustaceans
O Sesame seeds
O Cereals containing gluten
O Sulphur dioxide and sulphites

Ingredients:

Cooking Instructions:

Notes:

Recipe

Difficulty level:

ooOOO

Rating

Prep Time:

Cooking Method:

Cooking Temp:

Cooking Time:

Servings:

Allergens:

O Milk
O Fish
O Eggs
O Lupin
O Celery
O Peanuts
O Mustard
O Molluscs
O Tree nuts
O Soybeans
O Crustaceans
O Sesame seeds
O Cereals containing gluten
O Sulphur dioxide and sulphites

Ingredients:

Cooking Instructions:

Notes:

Recipe

Difficulty level:

ooOOO

Rating

Prep Time:

Cooking Method:

Cooking Temp:

Cooking Time:

Servings:

Allergens:

O Milk
O Fish
O Eggs
O Lupin
O Celery
O Peanuts
O Mustard
O Molluscs
O Tree nuts
O Soybeans
O Crustaceans
O Sesame seeds
O Cereals containing gluten
O Sulphur dioxide and sulphites

Ingredients:

Cooking Instructions:

Notes:

Recipe

Difficulty level:

o o O O O

Rating

Prep Time:

Cooking Method:

Cooking Temp:

Cooking Time:

Servings:

Allergens:

O Milk
O Fish
O Eggs
O Lupin
O Celery
O Peanuts
O Mustard
O Molluscs
O Tree nuts
O Soybeans
O Crustaceans
O Sesame seeds
O Cereals containing gluten
O Sulphur dioxide and sulphites

Ingredients:

Cooking Instructions:

Notes:

Recipe

Difficulty level:

o o O O O

Rating

Prep Time:

Cooking Method:

Cooking Temp:

Cooking Time:

Servings:

Allergens:

O Milk
O Fish
O Eggs
O Lupin
O Celery
O Peanuts
O Mustard
O Molluscs
O Tree nuts
O Soybeans
O Crustaceans
O Sesame seeds
O Cereals containing gluten
O Sulphur dioxide and sulphites

Ingredients:

Cooking Instructions:

Notes:

Recipe

Difficulty level:

o o O O O

Rating

♡ ♡ ♡ ♡ ♡

Prep Time:

Cooking Method:

Cooking Temp:

Cooking Time:

Servings:

Allergens:

- O Milk
- O Fish
- O Eggs
- O Lupin
- O Celery
- O Peanuts
- O Mustard
- O Molluscs
- O Tree nuts
- O Soybeans
- O Crustaceans
- O Sesame seeds
- O Cereals containing gluten
- O Sulphur dioxide and sulphites

Ingredients:

Cooking Instructions:

Notes:

Recipe

Difficulty level:

o o O O O

Rating

♡ ♡ ♡ ♡ ♡

Prep Time:

Cooking Method:

Cooking Temp:

Cooking Time:

Servings:

Allergens:

O Milk
O Fish
O Eggs
O Lupin
O Celery
O Peanuts
O Mustard
O Molluscs
O Tree nuts
O Soybeans
O Crustaceans
O Sesame seeds
O Cereals containing gluten
O Sulphur dioxide and sulphites

Ingredients:

Cooking Instructions:

Notes:

Recipe

Difficulty level:

○ ○ ○ ○ ○

Rating

♡ ♡ ♡ ♡ ♡

Prep Time:

Cooking Method:

Cooking Temp:

Cooking Time:

Servings:

Allergens:

O Milk
O Fish
O Eggs
O Lupin
O Celery
O Peanuts
O Mustard
O Molluscs
O Tree nuts
O Soybeans
O Crustaceans
O Sesame seeds
O Cereals containing gluten
O Sulphur dioxide and sulphites

Ingredients:

Cooking Instructions:

Notes:

Recipe

Difficulty level:

o o O O O

Rating

Prep Time:

Cooking Method:

Cooking Temp:

Cooking Time:

Servings:

Allergens:

O Milk
O Fish
O Eggs
O Lupin
O Celery
O Peanuts
O Mustard
O Molluscs
O Tree nuts
O Soybeans
O Crustaceans
O Sesame seeds
O Cereals containing gluten
O Sulphur dioxide and sulphites

Ingredients:

Cooking Instructions:

Notes:

Recipe

Difficulty level:

o o O O O

Rating

Prep Time:

Cooking Method:

Cooking Temp:

Cooking Time:

Servings:

Allergens:

O Milk
O Fish
O Eggs
O Lupin
O Celery
O Peanuts
O Mustard
O Molluscs
O Tree nuts
O Soybeans
O Crustaceans
O Sesame seeds
O Cereals containing gluten
O Sulphur dioxide and sulphites

Ingredients:

Cooking Instructions:

Notes:

Recipe

Difficulty level:

o o O O O

Rating

Prep Time:

Cooking Method:

Cooking Temp:

Cooking Time:

Servings:

Allergens:

O Milk
O Fish
O Eggs
O Lupin
O Celery
O Peanuts
O Mustard
O Molluscs
O Tree nuts
O Soybeans
O Crustaceans
O Sesame seeds
O Cereals containing gluten
O Sulphur dioxide and sulphites

Ingredients:

Cooking Instructions:

Notes:

Recipe

Difficulty level:

Rating

Prep Time:

Cooking Method:

Cooking Temp:

Cooking Time:

Servings:

Allergens:

O Milk
O Fish
O Eggs
O Lupin
O Celery
O Peanuts
O Mustard
O Molluscs
O Tree nuts
O Soybeans
O Crustaceans
O Sesame seeds
O Cereals containing gluten
O Sulphur dioxide and sulphites

Ingredients:

Cooking Instructions:

Notes:

Recipe

Difficulty level:

o o O O O

Rating

Prep Time:

Cooking Method:

Cooking Temp:

Cooking Time:

Servings:

Allergens:

O Milk
O Fish
O Eggs
O Lupin
O Celery
O Peanuts
O Mustard
O Molluscs
O Tree nuts
O Soybeans
O Crustaceans
O Sesame seeds
O Cereals containing gluten
O Sulphur dioxide and sulphites

Ingredients:

Cooking Instructions:

Notes:

Recipe

Difficulty level:

∘ ∘ O O O

Rating

♡ ♡ ♡ ♡ ♡

Prep Time:

Cooking Method:

Cooking Temp:

Cooking Time:

Servings:

Allergens:

- O Milk
- O Fish
- O Eggs
- O Lupin
- O Celery
- O Peanuts
- O Mustard
- O Molluscs
- O Tree nuts
- O Soybeans
- O Crustaceans
- O Sesame seeds
- O Cereals containing gluten
- O Sulphur dioxide and sulphites

Ingredients:

Cooking Instructions:

Notes:

Recipe

Difficulty level:

o o O O O

Rating

Prep Time:

Cooking Method:

Cooking Temp:

Cooking Time:

Servings:

Allergens:

O Milk
O Fish
O Eggs
O Lupin
O Celery
O Peanuts
O Mustard
O Molluscs
O Tree nuts
O Soybeans
O Crustaceans
O Sesame seeds
O Cereals containing gluten
O Sulphur dioxide and sulphites

Ingredients:

Cooking Instructions:

Notes:

Recipe

Difficulty level:

o o O O O

Rating

Prep Time:

Cooking Method:

Cooking Temp:

Cooking Time:

Servings:

Allergens:

- O Milk
- O Fish
- O Eggs
- O Lupin
- O Celery
- O Peanuts
- O Mustard
- O Molluscs
- O Tree nuts
- O Soybeans
- U Crustaceans
- O Sesame seeds
- O Cereals containing gluten
- O Sulphur dioxide and sulphites

Ingredients:

Cooking Instructions:

Notes:

Recipe

Difficulty level:

o o O O O

Rating

Prep Time:

Cooking Method:

Cooking Temp:

Cooking Time:

Servings:

Allergens:

O Milk
O Fish
O Eggs
O Lupin
O Celery
O Peanuts
O Mustard
O Molluscs
O Tree nuts
O Soybeans
O Crustaceans
O Sesame seeds
O Cereals containing gluten
O Sulphur dioxide and sulphites

Ingredients:

Cooking Instructions:

Notes:

Recipe

Difficulty level:

o o O O O

Rating

Prep Time:

Cooking Method:

Cooking Temp:

Cooking Time:

Servings:

Allergens:

O Milk
O Fish
O Eggs
O Lupin
O Celery
O Peanuts
O Mustard
O Molluscs
O Tree nuts
O Soybeans
O Crustaceans
O Sesame seeds
O Cereals containing gluten
O Sulphur dioxide and sulphites

Ingredients:

Cooking Instructions:

Notes:

Recipe

Difficulty level:

o o O O O

Rating

Prep Time:

Cooking Method:

Cooking Temp:

Cooking Time:

Servings:

Allergens:

O Milk
O Fish
O Eggs
O Lupin
O Celery
O Peanuts
O Mustard
O Molluscs
O Tree nuts
O Soybeans
O Crustaceans
O Sesame seeds
O Cereals containing gluten
O Sulphur dioxide and sulphites

Ingredients:

Cooking Instructions:

Notes:

Recipe

Difficulty level:

o o O O O

Rating

♡ ♡ ♡ ♡ ♡

Prep Time:

Cooking Method:

Cooking Temp:

Cooking Time:

Servings:

Allergens:

- O Milk
- O Fish
- O Eggs
- O Lupin
- O Celery
- O Peanuts
- O Mustard
- O Molluscs
- O Tree nuts
- O Soybeans
- O Crustaceans
- O Sesame seeds
- O Cereals containing gluten
- O Sulphur dioxide and sulphites

Ingredients:

Cooking Instructions:

Notes:

Recipe

Difficulty level:

o o O O O

Rating

Prep Time:

Cooking Method:

Cooking Temp:

Cooking Time:

Servings:

Allergens:

O Milk
O Fish
O Eggs
O Lupin
O Celery
O Peanuts
O Mustard
O Molluscs
O Tree nuts
O Soybeans
O Crustaceans
O Sesame seeds
O Cereals containing gluten
O Sulphur dioxide and sulphites

Ingredients:

Cooking Instructions:

Notes:

Recipe

Difficulty level:

o o O O O

Rating

Prep Time:

Cooking Method:

Cooking Temp:

Cooking Time:

Servings:

Allergens:

O Milk
O Fish
O Eggs
O Lupin
O Celery
O Peanuts
O Mustard
O Molluscs
O Tree nuts
O Soybeans
O Crustaceans
O Sesame seeds
O Cereals containing gluten
O Sulphur dioxide and sulphites

Ingredients:

Cooking Instructions:

Notes:

Recipe

Difficulty level:

ο ο O O O

Rating

Prep Time:

Cooking Method:

Cooking Temp:

Cooking Time:

Servings:

Allergens:

O Milk
O Fish
O Eggs
O Lupin
O Celery
O Peanuts
O Mustard
O Molluscs
O Tree nuts
O Soybeans
O Crustaceans
O Sesame seeds
O Cereals containing gluten
O Sulphur dioxide and sulphites

Ingredients:

Cooking Instructions:

Notes:

Recipe

Difficulty level:

o o O O O

Rating

♡ ♡ ♡ ♡ ♥

Prep Time:

Cooking Method:

Cooking Temp:

Cooking Time:

Servings:

Allergens:

O Milk
O Fish
O Eggs
O Lupin
O Celery
O Peanuts
O Mustard
O Molluscs
O Tree nuts
O Soybeans
O Crustaceans
O Sesame seeds
O Cereals containing gluten
O Sulphur dioxide and sulphites

Ingredients:

Cooking Instructions:

Notes:

Recipe

Difficulty level:

o o O O O

Rating

Prep Time:

Cooking Method:

Cooking Temp:

Cooking Time:

Servings:

Allergens:

O Milk
O Fish
O Eggs
O Lupin
O Celery
O Peanuts
O Mustard
O Molluscs
O Tree nuts
O Soybeans
O Crustaceans
O Sesame seeds
O Cereals containing gluten
O Sulphur dioxide and sulphites

Ingredients:

Cooking Instructions:

Notes:

Recipe

Difficulty level:

Rating

Prep Time:

Cooking Method:

Cooking Temp:

Cooking Time:

Servings:

Allergens:

O Milk
O Fish
O Eggs
O Lupin
O Celery
O Peanuts
O Mustard
O Molluscs
O Tree nuts
O Soybeans
O Crustaceans
O Sesame seeds
O Cereals containing gluten
O Sulphur dioxide and sulphites

Ingredients:

Cooking Instructions:

Notes:

Recipe

Difficulty level:

○○○○○

Rating

Prep Time:

Cooking Method:

Cooking Temp:

Cooking Time:

Servings:

Allergens:

O Milk
O Fish
O Eggs
O Lupin
O Celery
O Peanuts
O Mustard
O Molluscs
O Tree nuts
O Soybeans
O Crustaceans
O Sesame seeds
O Cereals containing gluten
O Sulphur dioxide and sulphites

Ingredients:

Cooking Instructions:

Notes:

Recipe

Difficulty level:

Rating

Prep Time:

Cooking Method:

Cooking Temp:

Cooking Time:

Servings:

Allergens:

O Milk
O Fish
O Eggs
O Lupin
O Celery
O Peanuts
O Mustard
O Molluscs
O Tree nuts
O Soybeans
O Crustaceans
O Sesame seeds
O Cereals containing gluten
O Sulphur dioxide and sulphites

Ingredients:

Cooking Instructions:

Notes:

Recipe

Difficulty level:

ooOOO

Rating

Prep Time:

Cooking Method:

Cooking Temp:

Cooking Time:

Servings:

Allergens:

O Milk
O Fish
O Eggs
O Lupin
O Celery
O Peanuts
O Mustard
O Molluscs
O Tree nuts
O Soybeans
O Crustaceans
O Sesame seeds
O Cereals containing gluten
O Sulphur dioxide and sulphites

Ingredients:

Cooking Instructions:

Notes:

Recipe

Difficulty level:

ooooO

Rating

Prep Time:

Cooking Method:

Cooking Temp:

Cooking Time:

Servings:

Allergens:

- O Milk
- O Fish
- O Eggs
- O Lupin
- O Celery
- O Peanuts
- O Mustard
- O Molluscs
- O Tree nuts
- O Soybeans
- O Crustaceans
- O Sesame seeds
- O Cereals containing gluten
- O Sulphur dioxide and sulphites

Ingredients:

Cooking Instructions:

Notes:

Recipe

Difficulty level:

o o O O O

Rating

Prep Time:

Cooking Method:

Cooking Temp:

Cooking Time:

Servings:

Allergens:

O Milk
O Fish
O Eggs
O Lupin
O Celery
O Peanuts
O Mustard
O Molluscs
O Tree nuts
O Soybeans
O Crustaceans
O Sesame seeds
O Cereals containing gluten
O Sulphur dioxide and sulphites

Ingredients:

Cooking Instructions:

Notes:

Recipe

Difficulty level:

o o O O O

Rating

Prep Time:

Cooking Method:

Cooking Temp:

Cooking Time:

Servings:

Allergens:

O Milk
O Fish
O Eggs
O Lupin
O Celery
O Peanuts
O Mustard
O Molluscs
O Tree nuts
O Soybeans
O Crustaceans
O Sesame seeds
O Cereals containing gluten
O Sulphur dioxide and sulphites

Ingredients:

Cooking Instructions:

Notes:

Recipe

Difficulty level:

o o O O O

Rating

Prep Time:

Cooking Method:

Cooking Temp:

Cooking Time:

Servings:

Allergens:

- O Milk
- O Fish
- O Eggs
- O Lupin
- O Celery
- O Peanuts
- O Mustard
- O Molluscs
- O Tree nuts
- O Soybeans
- O Crustaceans
- O Sesame seeds
- O Cereals containing gluten
- O Sulphur dioxide and sulphites

Ingredients:

Cooking Instructions:

Notes:

Recipe

Difficulty level:

Rating

Prep Time:

Cooking Method:

Cooking Temp:

Cooking Time:

Servings:

Allergens:

O Milk
O Fish
O Eggs
O Lupin
O Celery
O Peanuts
O Mustard
O Molluscs
O Tree nuts
O Soybeans
O Crustaceans
O Sesame seeds
O Cereals containing gluten
O Sulphur dioxide and sulphites

Ingredients:

Cooking Instructions:

Notes:

Recipe

Difficulty level:

oooOO

Rating

Prep Time:

Cooking Method:

Cooking Temp:

Cooking Time:

Servings:

Allergens:

O Milk
O Fish
O Eggs
O Lupin
O Celery
O Peanuts
O Mustard
O Molluscs
O Tree nuts
O Soybeans
O Crustaceans
O Sesame seeds
O Cereals containing gluten
O Sulphur dioxide and sulphites

Ingredients:

Cooking Instructions:

Notes:

Recipe

Difficulty level:

Rating

Prep Time:

Cooking Method:

Cooking Temp:

Cooking Time:

Servings:

Allergens:

O Milk
O Fish
O Eggs
O Lupin
O Celery
O Peanuts
O Mustard
O Molluscs
O Tree nuts
O Soybeans
O Crustaceans
O Sesamo seeds
O Cereals containing gluten
O Sulphur dioxide and sulphites

Ingredients:

Cooking Instructions:

Notes:

Recipe

Difficulty level:

ooOOO

Rating

Prep Time:

Cooking Method:

Cooking Temp:

Cooking Time:

Servings:

Allergens:

O Milk
O Fish
O Eggs
O Lupin
O Celery
O Peanuts
O Mustard
O Molluscs
O Tree nuts
O Soybeans
O Crustaceans
O Sesame seeds
O Cereals containing gluten
O Sulphur dioxide and sulphites

Ingredients:

Cooking Instructions:

Notes:

Recipe

Difficulty level:

Rating

Prep Time:

Cooking Method:

Cooking Temp:

Cooking Time:

Servings:

Allergens:

O Milk
O Fish
O Eggs
O Lupin
O Celery
O Peanuts
O Mustard
O Molluscs
O Tree nuts
O Soybeans
O Crustaceans
O Sesame seeds
O Cereals containing gluten
O Sulphur dioxide and sulphites

Ingredients:

Cooking Instructions:

Notes:

Recipe

Difficulty level:

○ ○ ○ ○ ○

Rating

♡ ♡ ♡ ♥ ♥

Prep Time:

Cooking Method:

Cooking Temp:

Cooking Time:

Servings:

Allergens:

O Milk
O Fish
O Eggs
O Lupin
O Celery
O Peanuts
O Mustard
O Molluscs
O Tree nuts
O Soybeans
O Crustaceans
O Sesame seeds
O Cereals containing gluten
O Sulphur dioxide and sulphites

Ingredients:

Cooking Instructions:

Notes:

Recipe

Difficulty level:

o o O O O

Rating

Prep Time:

Cooking Method:

Cooking Temp:

Cooking Time:

Servings:

Allergens:

O Milk
O Fish
O Eggs
O Lupin
O Celery
O Peanuts
O Mustard
O Molluscs
O Tree nuts
O Soybeans
O Crustaceans
O Sesame seeds
O Cereals containing gluten
O Sulphur dioxide and sulphites

Ingredients:

Cooking Instructions:

Notes:

Recipe

Difficulty level:

o o O O O

Rating

♡ ♡ ♡ ♡ ♡

Prep Time:

Cooking Method:

Cooking Temp:

Cooking Time:

Servings:

Allergens:

- O Milk
- O Fish
- O Eggs
- O Lupin
- O Celery
- O Peanuts
- O Mustard
- O Molluscs
- O Tree nuts
- O Soybeans
- O Crustaceans
- O Sesame seeds
- O Cereals containing gluten
- O Sulphur dioxide and sulphites

Ingredients:

Cooking Instructions:

Notes:

Recipe

Difficulty level:

 o o O O O

Rating

Prep Time:

Cooking Method:

Cooking Temp:

Cooking Time:

Servings:

Allergens:

O Milk
O Fish
O Eggs
O Lupin
O Celery
O Peanuts
O Mustard
O Molluscs
O Tree nuts
O Soybeans
O Crustaceans
O Sesame seeds
O Cereals containing gluten
O Sulphur dioxide and sulphites

Ingredients:

Cooking Instructions:

Notes:

Recipe

Difficulty level:

o o O O O

Rating

Prep Time:

Cooking Method:

Cooking Temp:

Cooking Time:

Servings:

Allergens:

O Milk
O Fish
O Eggs
O Lupin
O Celery
O Peanuts
O Mustard
O Molluscs
O Tree nuts
O Soybeans
O Crustaceans
O Sesame seeds
O Cereals containing gluten
O Sulphur dioxide and sulphites

Ingredients:

Cooking Instructions:

Notes:

Recipe

Difficulty level:

o o O O O

Rating

Prep Time:

Cooking Method:

Cooking Temp:

Cooking Time:

Servings:

Allergens:

- O Milk
- O Fish
- O Eggs
- O Lupin
- O Celery
- O Peanuts
- O Mustard
- O Molluscs
- O Tree nuts
- O Soybeans
- O Crustaceans
- O Sesame seeds
- O Cereals containing gluten
- O Sulphur dioxide and sulphites

Ingredients:

Cooking Instructions:

Notes:

Recipe

Difficulty level:

o o O O O

Rating

Prep Time:

Cooking Method:

Cooking Temp:

Cooking Time:

Servings:

Allergens:

O Milk
O Fish
O Eggs
O Lupin
O Celery
O Peanuts
O Mustard
O Molluscs
O Tree nuts
O Soybeans
O Crustaceans
O Sesame seeds
O Cereals containing gluten
O Sulphur dioxide and sulphites

Ingredients:

Cooking Instructions:

Notes:

Recipe

Difficulty level:

o o O O O

Rating

Prep Time:

Cooking Method:

Cooking Temp:

Cooking Time:

Servings:

Allergens:

O Milk
O Fish
O Eggs
O Lupin
O Celery
O Peanuts
O Mustard
O Molluscs
O Tree nuts
O Soybeans
O Crustaceans
O Sesame seeds
O Cereals containing gluten
O Sulphur dioxide and sulphites

Ingredients:

Cooking Instructions:

Notes:

Recipe

Difficulty level:

ooOOO

Rating

Prep Time:

Cooking Method:

Cooking Temp:

Cooking Time:

Servings:

Allergens:

O Milk
O Fish
O Eggs
O Lupin
O Celery
O Peanuts
O Mustard
O Molluscs
O Tree nuts
O Soybeans
O Crustaceans
O Sesame seeds
O Cereals containing gluten
O Sulphur dioxide and sulphites

Ingredients:

Cooking Instructions:

Notes:

Recipe

Difficulty level:

o o O O O

Rating

Prep Time:

Cooking Method:

Cooking Temp:

Cooking Time:

Servings:

Allergens:

O Milk
O Fish
O Eggs
O Lupin
O Celery
O Peanuts
O Mustard
O Molluscs
O Tree nuts
O Soybeans
O Crustaceans
O Sesame seeds
O Cereals containing gluten
O Sulphur dioxide and sulphites

Ingredients:

Cooking Instructions:

Notes:

Recipe

Difficulty level:

o o O O O

Rating

♡ ♡ ♡ ♡ ♥

Prep Time:

Cooking Method:

Cooking Temp:

Cooking Time:

Servings:

Allergens:

O Milk
O Fish
O Eggs
O Lupin
O Celery
O Peanuts
O Mustard
O Molluscs
O Tree nuts
O Soybeans
O Crustaceans
O Sesame seeds
O Cereals containing gluten
O Sulphur dioxide and sulphites

Ingredients:

Cooking Instructions:

Notes:

Recipe

Difficulty level:

ooOOO

Rating

Prep Time:

Cooking Method:

Cooking Temp:

Cooking Time:

Servings:

Allergens:

O Milk
O Fish
O Eggs
O Lupin
O Celery
O Peanuts
O Mustard
O Molluscs
O Tree nuts
O Soybeans
O Crustaceans
O Sesame seeds
O Cereals containing gluten
O Sulphur dioxide and sulphites

Ingredients:

Cooking Instructions:

Notes:

Recipe

Difficulty level:

ooOOO

Rating

Prep Time:

Cooking Method:

Cooking Temp:

Cooking Time:

Servings:

Allergens:

O Milk
O Fish
O Eggs
O Lupin
O Celery
O Peanuts
O Mustard
O Molluscs
O Tree nuts
O Soybeans
O Crustaceans
O Sesame seeds
O Cereals containing gluten
O Sulphur dioxide and sulphites

Ingredients:

Cooking Instructions:

Notes:

Recipe

Difficulty level:

○ ○ ○ ○ ○

Rating

♡ ♡ ♡ ♡ ♡

Prep Time:

Cooking Method:

Cooking Temp:

Cooking Time:

Servings:

Allergens:

- O Milk
- O Fish
- O Eggs
- O Lupin
- O Celery
- O Peanuts
- O Mustard
- O Molluscs
- O Tree nuts
- O Soybeans
- O Crustaceans
- O Sosame seeds
- O Cereals containing gluten
- O Sulphur dioxide and sulphites

Ingredients:

Cooking Instructions:

Notes:

Recipe

Difficulty level:

o o O O O

Rating

Prep Time:

Cooking Method:

Cooking Temp:

Cooking Time:

Servings:

Allergens:

O Milk
O Fish
O Eggs
O Lupin
O Celery
O Peanuts
O Mustard
O Molluscs
O Tree nuts
O Soybeans
O Crustaceans
O Sesame seeds
O Cereals containing gluten
O Sulphur dioxide and sulphites

Ingredients:

Cooking Instructions:

Notes:

Recipe

Difficulty level:

ooooO

Rating

Prep Time:

Cooking Method:

Cooking Temp:

Cooking Time:

Servings:

Allergens:

- O Milk
- O Fish
- O Eggs
- O Lupin
- O Celery
- O Peanuts
- O Mustard
- O Molluscs
- O Tree nuts
- O Soybeans
- O Crustaceans
- O Sesame seeds
- O Cereals containing gluten
- O Sulphur dioxide and sulphites

Ingredients:

Cooking Instructions:

Notes:

Recipe

Difficulty level:

Rating

Prep Time:

Cooking Method:

Cooking Temp:

Cooking Time:

Servings:

Allergens:

O Milk
O Fish
O Eggs
O Lupin
O Celery
O Peanuts
O Mustard
O Molluscs
O Tree nuts
O Soybeans
O Crustaceans
O Sesame seeds
O Cereals containing gluten
O Sulphur dioxide and sulphites

Ingredients:

Cooking Instructions:

Notes:

Recipe

Difficulty level:

o o O O O

Rating

Prep Time:

Cooking Method:

Cooking Temp:

Cooking Time:

Servings:

Allergens:

O Milk
O Fish
O Eggs
O Lupin
O Celery
O Peanuts
O Mustard
O Molluscs
O Tree nuts
O Soybeans
O Crustaceans
O Sesame seeds
O Cereals containing gluten
O Sulphur dioxide and sulphites

Ingredients:

Cooking Instructions:

Notes:

Recipe

Difficulty level:

 o o O O O

Rating

♡ ♡ ♡ ♡ ♡

Prep Time:

Cooking Method:

Cooking Temp:

Cooking Time:

Servings:

Allergens:

O Milk
O Fish
O Eggs
O Lupin
O Celery
O Peanuts
O Mustard
O Molluscs
O Tree nuts
O Soybeans
O Crustaceans
O Sesame seeds
O Cereals containing gluten
O Sulphur dioxide and sulphites

Ingredients:

Cooking Instructions:

Notes:

Recipe

Difficulty level:

o o O O O

Rating

Prep Time:

Cooking Method:

Cooking Temp:

Cooking Time:

Servings:

Allergens:

O Milk
O Fish
O Eggs
O Lupin
O Celery
O Peanuts
O Mustard
O Molluscs
O Tree nuts
O Soybeans
O Crustaceans
O Sosame seeds
O Cereals containing gluten
O Sulphur dioxide and sulphites

Ingredients:

Cooking Instructions:

Notes:

Recipe

Difficulty level:

o o O O O

Rating

Prep Time:

Cooking Method:

Cooking Temp:

Cooking Time:

Servings:

Allergens:

O Milk
O Fish
O Eggs
O Lupin
O Celery
O Peanuts
O Mustard
O Molluscs
O Tree nuts
O Soybeans
O Crustaceans
O Sesame seeds
O Cereals containing gluten
O Sulphur dioxide and sulphites

Ingredients:

Cooking Instructions:

Notes:

Recipe

Difficulty level:

o o O O O

Rating

♡ ♡ ♡ ♡ ♡

Prep Time:

Cooking Method:

Cooking Temp:

Cooking Time:

Servings:

Allergens:

O Milk
O Fish
O Eggs
O Lupin
O Celery
O Peanuts
O Mustard
O Molluscs
O Tree nuts
O Soybeans
O Crustaceans
O Sesamo seeds
O Cereals containing gluten
O Sulphur dioxide and sulphites

Ingredients:

Cooking Instructions:

Notes:

Recipe

Difficulty level:

o o O O O

Rating

Prep Time:

Cooking Method:

Cooking Temp:

Cooking Time:

Servings:

Allergens:

O Milk
O Fish
O Eggs
O Lupin
O Celery
O Peanuts
O Mustard
O Molluscs
O Tree nuts
O Soybeans
O Crustaceans
O Sesame seeds
O Cereals containing gluten
O Sulphur dioxide and sulphites

Ingredients:

Cooking Instructions:

Notes:

Recipe

Difficulty level:

o o O O O

Rating

Prep Time:

Cooking Method:

Cooking Temp:

Cooking Time:

Servings:

Allergens:

O Milk
O Fish
O Eggs
O Lupin
O Celery
O Peanuts
O Mustard
O Molluscs
O Tree nuts
O Soybeans
O Crustaceans
O Sesame seeds
O Cereals containing gluten
O Sulphur dioxide and sulphites

Ingredients:

Cooking Instructions:

Notes:

Recipe

Difficulty level:

ooOOO

Rating

Prep Time:

Cooking Method:

Cooking Temp:

Cooking Time:

Servings:

Allergens:

O Milk
O Fish
O Eggs
O Lupin
O Celery
O Peanuts
O Mustard
O Molluscs
O Tree nuts
O Soybeans
O Crustaceans
O Sesame seeds
O Cereals containing gluten
O Sulphur dioxide and sulphites

Ingredients:

Cooking Instructions:

Notes:

Recipe

Difficulty level:

o o O O O

Rating

Prep Time:

Cooking Method:

Cooking Temp:

Cooking Time:

Servings:

Allergens:

O Milk
O Fish
O Eggs
O Lupin
O Celery
O Peanuts
O Mustard
O Molluscs
O Tree nuts
O Soybeans
O Crustaceans
O Sesame seeds
O Cereals containing gluten
O Sulphur dioxide and sulphites

Ingredients:

Cooking Instructions:

Notes:

Recipe

Difficulty level:

o o O O O

Rating

Prep Time:

Cooking Method:

Cooking Temp:

Cooking Time:

Servings:

Allergens:

O Milk
O Fish
O Eggs
O Lupin
O Celery
O Peanuts
O Mustard
O Molluscs
O Tree nuts
O Soybeans
O Crustaceans
O Sesame seeds
O Cereals containing gluten
O Sulphur dioxide and sulphites

Ingredients:

Cooking Instructions:

Notes:

Recipe

Difficulty level:

ooooO

Rating

♡♡♡♡♡

Prep Time:

Cooking Method:

Cooking Temp:

Cooking Time:

Servings:

Allergens:

O Milk
O Fish
O Eggs
O Lupin
O Celery
O Peanuts
O Mustard
O Molluscs
O Tree nuts
O Soybeans
O Crustaceans
O Sesame seeds
O Cereals containing gluten
O Sulphur dioxide and sulphites

Ingredients:

Cooking Instructions:

Notes:

Recipe

Difficulty level:

o o O O O

Rating

Prep Time:

Cooking Method:

Cooking Temp:

Cooking Time:

Servings:

Allergens:

O Milk
O Fish
O Eggs
O Lupin
O Celery
O Peanuts
O Mustard
O Molluscs
O Tree nuts
O Soybeans
O Crustaceans
O Sesame seeds
O Cereals containing gluten
O Sulphur dioxide and sulphites

Ingredients:

Cooking Instructions:

Notes:

Recipe

Difficulty level:

o o O O O

Rating

♡ ♡ ♡ ♡ ♡

Prep Time:

Cooking Method:

Cooking Temp:

Cooking Time:

Servings:

Allergens:

O Milk
O Fish
O Eggs
O Lupin
O Celery
O Peanuts
O Mustard
O Molluscs
O Tree nuts
O Soybeans
O Crustaceans
O Sesame seeds
O Cereals containing gluten
O Sulphur dioxide and sulphites

Ingredients:

Cooking Instructions:

Notes:

Recipe

Difficulty level:

ooOOO

Rating

Prep Time:

Cooking Method:

Cooking Temp:

Cooking Time:

Servings:

Allergens:

- O Milk
- O Fish
- O Eggs
- O Lupin
- O Celery
- O Peanuts
- O Mustard
- O Molluscs
- O Tree nuts
- O Soybeans
- O Crustaceans
- O Sesame seeds
- O Cereals containing gluten
- O Sulphur dioxide and sulphites

Ingredients:

Cooking Instructions:

Notes:

Recipe

Difficulty level:

o o O O O

Rating

Prep Time:

Cooking Method:

Cooking Temp:

Cooking Time:

Servings:

Allergens:

O Milk
O Fish
O Eggs
O Lupin
O Celery
O Peanuts
O Mustard
O Molluscs
O Tree nuts
O Soybeans
O Crustaceans
O Sesame seeds
O Cereals containing gluten
O Sulphur dioxide and sulphites

Ingredients:

Cooking Instructions:

Notes:

Recipe

Difficulty level:

ooOOO

Rating

Prep Time:

Cooking Method:

Cooking Temp:

Cooking Time:

Servings:

Allergens:

O Milk
O Fish
O Eggs
O Lupin
O Celery
O Peanuts
O Mustard
O Molluscs
O Tree nuts
O Soybeans
O Crustaceans
O Sesame seeds
O Cereals containing gluten
O Sulphur dioxide and sulphites

Ingredients:

Cooking Instructions:

Notes:

Recipe

Difficulty level:

o o O O O

Rating

Prep Time:

Cooking Method:

Cooking Temp:

Cooking Time:

Servings:

Allergens:

O Milk
O Fish
O Eggs
O Lupin
O Celery
O Peanuts
O Mustard
O Molluscs
O Tree nuts
O Soybeans
O Crustaceans
O Sesame seeds
O Cereals containing gluten
O Sulphur dioxide and sulphites

Ingredients:

Cooking Instructions:

Notes:

Recipe

Difficulty level:

o o O O O

Rating

Prep Time:

Cooking Method:

Cooking Temp:

Cooking Time:

Servings:

Allergens:

- O Milk
- O Fish
- O Eggs
- O Lupin
- O Celery
- O Peanuts
- O Mustard
- O Molluscs
- O Tree nuts
- O Soybeans
- O Crustaceans
- O Sesame seeds
- O Cereals containing gluten
- O Sulphur dioxide and sulphites

Ingredients:

Cooking Instructions:

Notes:

Recipe

Difficulty level:

o o O O O

Rating

Prep Time:

Cooking Method:

Cooking Temp:

Cooking Time:

Servings:

Allergens:

O Milk
O Fish
O Eggs
O Lupin
O Celery
O Peanuts
O Mustard
O Molluscs
O Tree nuts
O Soybeans
O Crustaceans
O Sesamo seeds
O Cereals containing gluten
O Sulphur dioxide and sulphites

Ingredients:

Cooking Instructions:

Notes:

Recipe

Difficulty level:

○ ○ ○ ○ ○

Rating

♡ ♡ ♡ ♡ ♡

Prep Time:

Cooking Method:

Cooking Temp:

Cooking Time:

Servings:

Allergens:

O Milk
O Fish
O Eggs
O Lupin
O Celery
O Peanuts
O Mustard
O Molluscs
O Tree nuts
O Soybeans
O Crustaceans
O Sesame seeds
O Cereals containing gluten
O Sulphur dioxide and sulphites

Ingredients:

Cooking Instructions:

Notes:

Recipe

Difficulty level:

o o O O O

Rating

Prep Time:

Cooking Method:

Cooking Temp:

Cooking Time:

Servings:

Allergens:

O Milk
O Fish
O Eggs
O Lupin
O Celery
O Peanuts
O Mustard
O Molluscs
O Tree nuts
O Soybeans
O Crustaceans
O Sesame seeds
O Cereals containing gluten
O Sulphur dioxide and sulphites

Ingredients:

Cooking Instructions:

Notes:

Recipe

Difficulty level:

o o O O O

Rating

♡ ♡ ♡ ♡ ♥

Prep Time:

Cooking Method:

Cooking Temp:

Cooking Time:

Servings:

Allergens:

- O Milk
- O Fish
- O Eggs
- O Lupin
- O Celery
- O Peanuts
- O Mustard
- O Molluscs
- O Tree nuts
- O Soybeans
- O Crustaceans
- O Sesame seeds
- O Cereals containing gluten
- O Sulphur dioxide and sulphites

Ingredients:

Cooking Instructions:

Notes:

Recipe

Difficulty level:

o o O O O

Rating

Prep Time:

Cooking Method:

Cooking Temp:

Cooking Time:

Servings:

Allergens:

O Milk
O Fish
O Eggs
O Lupin
O Celery
O Peanuts
O Mustard
O Molluscs
O Tree nuts
O Soybeans
O Crustaceans
O Sesame seeds
O Cereals containing gluten
O Sulphur dioxide and sulphites

Ingredients:

Cooking Instructions:

Notes:

Recipe

Difficulty level:

ooOOO

Rating

Prep Time:

Cooking Method:

Cooking Temp:

Cooking Time:

Servings:

Allergens:

O Milk
O Fish
O Eggs
O Lupin
O Celery
O Peanuts
O Mustard
O Molluscs
O Tree nuts
O Soybeans
O Crustaceans
O Sesame seeds
O Cereals containing gluten
O Sulphur dioxide and sulphites

Ingredients:

Cooking Instructions:

Notes:

Recipe

Difficulty level:

o o O O O

Rating

Prep Time:

Cooking Method:

Cooking Temp:

Cooking Time:

Servings:

Allergens:

O Milk
O Fish
O Eggs
O Lupin
O Celery
O Peanuts
O Mustard
O Molluscs
O Tree nuts
O Soybeans
O Crustaceans
O Sesame seeds
O Cereals containing gluten
O Sulphur dioxide and sulphites

Ingredients:

Cooking Instructions:

Notes:

Recipe

Difficulty level:

o o O O O

Rating

Prep Time:

Cooking Method:

Cooking Temp:

Cooking Time:

Servings:

Allergens:

O Milk
O Fish
O Eggs
O Lupin
O Celery
O Peanuts
O Mustard
O Molluscs
O Tree nuts
O Soybeans
O Crustaceans
O Sesame seeds
O Cereals containing gluten
O Sulphur dioxide and sulphites

Ingredients:

Cooking Instructions:

Notes:

Recipe

Difficulty level:

o o O O O

Rating

♡ ♡ ♡ ♡ ♡

Prep Time:

Cooking Method:

Cooking Temp:

Cooking Time:

Servings:

Allergens:

O Milk
O Fish
O Eggs
O Lupin
O Celery
O Peanuts
O Mustard
O Molluscs
O Tree nuts
O Soybeans
O Crustaceans
O Sesame seeds
O Cereals containing gluten
O Sulphur dioxide and sulphites

Ingredients:

Cooking Instructions:

Notes:

Recipe

Difficulty level:

ooOOO

Rating

Prep Time:

Cooking Method:

Cooking Temp:

Cooking Time:

Servings:

Allergens:

O Milk
O Fish
O Eggs
O Lupin
O Celery
O Peanuts
O Mustard
O Molluscs
O Tree nuts
O Soybeans
O Crustaceans
O Sesame seeds
O Cereals containing gluten
O Sulphur dioxide and sulphites

Ingredients:

Cooking Instructions:

Notes:

Recipe

Difficulty level:

o o O O O

Rating

Prep Time:

Cooking Method:

Cooking Temp:

Cooking Time:

Servings:

Allergens:

O Milk
O Fish
O Eggs
O Lupin
O Celery
O Peanuts
O Mustard
O Molluscs
O Tree nuts
O Soybeans
O Crustaceans
O Sesame seeds
O Cereals containing gluten
O Sulphur dioxide and sulphites

Ingredients:

Cooking Instructions:

Notes:

Recipe

Difficulty level:

o o O O O

Rating

♡ ♡ ♡ ♡ ♡

Prep Time:

Cooking Method:

Cooking Temp:

Cooking Time:

Servings:

Allergens:

O Milk
O Fish
O Eggs
O Lupin
O Celery
O Peanuts
O Mustard
O Molluscs
O Tree nuts
O Soybeans
O Crustaceans
O Sesame seeds
O Cereals containing gluten
O Sulphur dioxide and sulphites

Ingredients:

Cooking Instructions:

Notes:

Recipe

Difficulty level:

O O O O O

Rating

Prep Time:

Cooking Method:

Cooking Temp:

Cooking Time:

Servings:

Allergens:

O Milk
O Fish
O Eggs
O Lupin
O Celery
O Peanuts
O Mustard
O Molluscs
O Tree nuts
O Soybeans
O Crustaceans
O Sesame seeds
O Cereals containing gluten
O Sulphur dioxide and sulphites

Ingredients:

Cooking Instructions:

Notes:

Recipe

Difficulty level:

ooOOO

Rating

Prep Time:

Cooking Method:

Cooking Temp:

Cooking Time:

Servings:

Allergens:

O Milk
O Fish
O Eggs
O Lupin
O Celery
O Peanuts
O Mustard
O Molluscs
O Tree nuts
O Soybeans
O Crustaceans
O Sesame seeds
O Cereals containing gluten
O Sulphur dioxide and sulphites

Ingredients:

Cooking Instructions:

Notes:

Recipe

Difficulty level:

Rating

Prep Time:

Cooking Method:

Cooking Temp:

Cooking Time:

Servings:

Allergens:

O Milk
O Fish
O Eggs
O Lupin
O Celery
O Peanuts
O Mustard
O Molluscs
O Tree nuts
O Soybeans
O Crustaceans
O Sesame seeds
O Cereals containing gluten
O Sulphur dioxide and sulphites

Ingredients:

Cooking Instructions:

Notes:

Recipe

Difficulty level:

o o O O O

Rating

♡ ♡ ♡ ♡ ♡

Prep Time:

Cooking Method:

Cooking Temp:

Cooking Time:

Servings:

Allergens:

O Milk
O Fish
O Eggs
O Lupin
O Celery
O Peanuts
O Mustard
O Molluscs
O Tree nuts
O Soybeans
O Crustaceans
O Sesame seeds
O Cereals containing gluten
O Sulphur dioxide and sulphites

Ingredients:

Cooking Instructions:

Notes:

Recipe

Difficulty level:

o o O O O

Rating

♡ ♡ ♡ ♡ ♡

Prep Time:

Cooking Method:

Cooking Temp:

Cooking Time:

Servings:

Allergens:

O Milk
O Fish
O Eggs
O Lupin
O Celery
O Peanuts
O Mustard
O Molluscs
O Tree nuts
O Soybeans
O Crustaceans
O Sesame seeds
O Cereals containing gluten
O Sulphur dioxide and sulphites

Ingredients:

Cooking Instructions:

Notes:

Recipe

Difficulty level:

ooOOO

Rating

Prep Time:

Cooking Method:

Cooking Temp:

Cooking Time:

Servings:

Allergens:

O Milk
O Fish
O Eggs
O Lupin
O Celery
O Peanuts
O Mustard
O Molluscs
O Tree nuts
O Soybeans
O Crustaceans
O Sesame seeds
O Cereals containing gluten
O Sulphur dioxide and sulphites

Ingredients:

Cooking Instructions:

Notes:

Recipe

Difficulty level:

o o O O O

Rating

Prep Time:

Cooking Method:

Cooking Temp:

Cooking Time:

Servings:

Allergens:

O Milk
O Fish
O Eggs
O Lupin
O Celery
O Peanuts
O Mustard
O Molluscs
O Tree nuts
O Soybeans
O Crustaceans
O Sesame seeds
O Cereals containing gluten
O Sulphur dioxide and sulphites

Ingredients:

Cooking Instructions:

Notes:

Recipe

Difficulty level:

o o O O O

Rating

Prep Time:

Cooking Method:

Cooking Temp:

Cooking Time:

Servings:

Allergens:

- O Milk
- O Fish
- O Eggs
- O Lupin
- O Celery
- O Peanuts
- O Mustard
- O Molluscs
- O Tree nuts
- O Soybeans
- O Crustaceans
- O Sesame seeds
- O Cereals containing gluten
- O Sulphur dioxide and sulphites

Ingredients:

Cooking Instructions:

Notes:

Recipe

Difficulty level:

o o O O O

Rating

Prep Time:

Cooking Method:

Cooking Temp:

Cooking Time:

Servings:

Allergens:

O Milk
O Fish
O Eggs
O Lupin
O Celery
O Peanuts
O Mustard
O Molluscs
O Tree nuts
O Soybeans
O Crustaceans
O Sesame seeds
O Cereals containing gluten
O Sulphur dioxide and sulphites

Ingredients:

Cooking Instructions:

Notes:

Recipe

Difficulty level:

o o O O O

Rating

Prep Time:

Cooking Method:

Cooking Temp:

Cooking Time:

Servings:

Allergens:

O   Milk
O   Fish
O   Eggs
O   Lupin
O   Celery
O   Peanuts
O   Mustard
O   Molluscs
O   Tree nuts
O   Soybeans
O   Crustaceans
O   Sesame seeds
O   Cereals containing gluten
O   Sulphur dioxide and sulphites

Ingredients:

Cooking Instructions:

Notes: